FORMAR
LÍDERES
RADICAIS

Manual do Participante

Formar Líderes Radicais
Manual do Participante

De Daniel B. Lancaster, Ph.D.

Publicado por: T4T Press

Primeira edição: 2013

Título original: Training Radical Leaders

Tradução: Bárbara Maia

ISBN 978-1-938920-75-2 impresso

Library of Congress Cataloging-in-Publication Data

Sumário

Lições

Recursos

1

Boas-Vindas

Formadores e líderes apresentam-se uns aos outros na primeira lição. Depois, os líderes aprendem a diferença entre os métodos de formação grego e hebraico. Jesus usou os dois métodos e nós devemos fazer o mesmo. O método hebraico é o mais útil para formar líderes e o que é usado com mais frequência em *Formar Líderes Radicais*.

   O objectivo da lição é que os líderes compreendam a estratégia de Jesus para alcançar o mundo. As cinco partes da estratégia de Jesus incluem: Ser Forte em Deus, Partilhar o Evangelho, Fazer Discípulos, Começar Grupos que se Tornem Igrejas e Formar Líderes. Os líderes revêem as lições da *Formação Para Seguir Jesus, Parte 1: Fazer Discípulos Radicais*, que equipam os crentes para ser bem-sucedidos em cada parte da estratégia de Jesus. Os líderes também praticam traçar uma visão aos outros do seguimento da estratégia de Jesus. A sessão termina com o encargo de seguir Jesus e obedecer às Suas ordens todos os dias.

LOUVOR

ÍNICIO

Apresentar os Formadores

Apresentar os Líderes

Como é que Jesus Formou Líderes?

PLANO

Quem Constrói a Igreja?

–MT 16,18–
TAMBÉM EU TE DIGO: TU ÉS PEDRO, E SOBRE ESTA PEDRA EDIFICAREI A MINHA IGREJA, E AS PORTAS DO ABISMO NADA PODERÃO CONTRA ELA.

Porque é que é Importante Quem Constrói a Igreja?

–SL 127,1–
SE O SENHOR NÃO EDIFICAR A CASA, EM VÃO TRABALHAM OS CONSTRUTORES. SE O SENHOR NÃO GUARDAR A CIDADE, EM VÃO VIGIAM AS SENTINELAS.

Como é Que Jesus Constrói a Sua Igreja?

1. _____

–LC 2,52–
E JESUS CRESCIA EM SABEDORIA, EM ESTATURA E EM GRAÇA, DIANTE DE DEUS E DOS HOMENS.

–LC 4,14–
(DEPOIS DA SUA TENTAÇÃO) IMPELIDO PELO ESPÍRITO, JESUS VOLTOU PARA A GALILEIA E A SUA FAMA PROPAGOU-SE POR TODA A REGIÃO.

🖐 Levante os braços para cima e pose como homem forte.

2. _____

–MC 1,14.15–
DEPOIS DE JOÃO TER SIDO PRESO, JESUS FOI PARA A GALILEIA, E PROCLAMAVA O EVANGELHO DE DEUS, DIZENDO: "COMPLETOU-SE O TEMPO E O REINO DE

Deus está próximo: arrependei-vos e acreditai no Evangelho."

✋ Finja que atira qualquer coisa com a mão direita, como que esteja a lançar sementes.

3. _____

–Mt 4,19–

[Jesus] disse-lhes: "Vinde comigo e Eu farei de vós pescadores de homens."

✋ Mãos no coração e depois levantadas em adoração. Mãos na cintura e depois levantadas na posição de oração tradicional. Mãos a apontar para a mente e depois baixadas para parecer que está a ler um livro. Levante os braços para cima como na pose de um homem forte e depois faça um movimento circular como que esteja a lançar sementes.

4. _____

–Mt 16,18–

Também Eu te digo: Tu és Pedro, e sobre esta Pedra edificarei a minha Igreja, e as portas do Abismo nada poderão contra ela.

✋ As mãos fazem um movimento de "chamamento", como que esteja a pedir às pessoas para se reunirem à sua volta.

5. _____

–MT 10,5-8–
JESUS ENVIOU ESTES DOZE, DEPOIS DE LHES TER DADO
AS SEGUINTES INSTRUÇÕES: "NÃO SIGAIS PELO CAMINHO
DOS GENTIOS, NEM ENTREIS EM CIDADE DE SAMARITANOS.
IDE, PRIMEIRAMENTE, ÀS OVELHAS PERDIDAS DA CASA
DE ISRAEL. PELO CAMINHO, PROCLAMAI QUE O REINO
DO CÉU ESTÁ PERTO. CURAI OS ENFERMOS, RESSUSCITAI
OS MORTOS, PURIFICAI OS LEPROSOS, EXPULSAI OS
DEMÓNIOS. RECEBESTES DE GRAÇA, DAI DE GRAÇA.

✋ Posicione-se na posição militar e faça continência
como um soldado.

Versículo de Memorização

–1COR 11,1–
SEDE MEUS IMITADORES, COMO EU O SOU DE CRISTO.

PRÁTICA

FINAL

JESUS DIZ "SEGUE-ME"

–MT 9:9–
PARTINDO DALI, JESUS VIU UM HOMEM CHAMADO
MATEUS, SENTADO NO POSTO DE COBRANÇA, E DISSE-
LHE: "SEGUE-ME!" E ELE LEVANTOU-SE E SEGUIU-O.

2

Formar
Como Jesus

Um problema comum em igrejas ou grupos crescentes é a necessidade de mais líderes. Os esforços para formar líderes são muitas vezes insuficientes, pois não temos um processo simples a seguir. O objectivo desta lição é explicar como Jesus formou líderes, para que O possamos imitar.

Jesus formou líderes interrogando-os sobre o progresso feito na sua missão e discutindo quaisquer problemas que tinham enfrentado. Também rezava por eles e ajudava-os a fazer planos para promover a missão. Uma parte importante da formação dos líderes era praticar as competências de que precisariam nos seus futuros ministérios. Na Lição 2, os líderes aplicam este processo de formação de liderança ao seu grupo, assim como a estratégia de Jesus para alcançar o mundo. Por fim, os líderes desenvolvem uma "árvore da formação" que ajuda a coordenar a formação e a oração dos líderes que estão a formar.

Louvor

Progresso

Problema

Plano

Revisão

Boas-vindas

Quem Constrói a Igreja?

Porque é que Isso é Importante?

Como é Que Jesus Constrói a Sua Igreja?

–1Cor 11,1–Sede meus imitadores, como eu o sou de Cristo.

Como é Que Jesus Formou Líderes?

–Lc 10,17–

Os setenta e dois discípulos voltaram cheios de alegria, dizendo: "Senhor, até os demónios se sujeitaram a nós, em teu nome!"

1. _____

✋ Gire as mãos por cima uma da outra movendo-as para cima.

–MT 17,19–

ENTÃO, OS DISCÍPULOS APROXIMARAM-SE DE JESUS E PERGUNTARAM-LHE EM PARTICULAR: "PORQUE É QUE NÓS NÃO FOMOS CAPAZES DE EXPULSÁ-LO?"

2. _____

🖐 Coloque as mãos de cada lado da cabeça e finja que puxa o cabelo.

–LC 10,1–

DEPOIS DISTO, O SENHOR DESIGNOU OUTROS SETENTA E DOIS DISCÍPULOS E ENVIOU-OS DOIS A DOIS, À SUA FRENTE, A TODAS AS CIDADES E LUGARES AONDE ELE HAVIA DE IR.

3. _____

🖐 Estenda a mão esquerda como um papel e "escreva" nela com a mão direita.

–JO 4,1-2–

QUANDO JESUS SOUBE QUE CHEGARA AOS OUVIDOS DOS FARISEUS QUE ELE CONSEGUIA MAIS DISCÍPULOS E BAPTIZAVA MAIS DO QUE JOÃO – EMBORA NÃO FOSSE O PRÓPRIO JESUS A BAPTIZAR, MAS SIM OS SEUS DISCÍPULOS...

4. _____

✋ Mova os braços para cima e para baixo como que esteja a levantar pesos.

–LC 22,31-32–
E O SENHOR DISSE: "SIMÃO, SIMÃO, OLHA QUE SATANÁS PEDIU PARA VOS JOEIRAR COMO TRIGO. MAS EU ROGUEI POR TI, PARA QUE A TUA FÉ NÃO DESAPAREÇA. E TU, UMA VEZ CONVERTIDO, FORTALECE OS TEUS IRMÃOS."

5. _____

✋ Coloque as mãos na posição tradicional de oração junto à face.

Versículo de Memorização

–LC 6,40–
"NÃO ESTÁ O DISCÍPULO ACIMA DO MESTRE, MAS O DISCÍPULO BEM FORMADO SERÁ COMO O MESTRE."

PRÁTICA

FINAL

Árvore da Formação

3

Liderar
Como Jesus

Jesus Cristo é o maior líder de todos os tempos. Nenhuma outra pessoa influenciou mais pessoas, com mais frequência, do que Ele. A lição 3 apresenta as sete qualidades de um grande líder, com base no estilo de liderança de Jesus. Em seguida, os líderes reflectem sobre os pontos fortes e fracos das suas próprias experiências de liderança. Um jogo de desenvolvimento de equipas termina a sessão, ensinando a força da "liderança partilhada".

Tudo sobe e desce com base no coração do líder, por isso olhamos para como Jesus liderou os discípulos, para O podermos imitar. Jesus amou-os até ao fim, compreendeu a Sua missão, conhecia os problemas do grupo, deu aos Seus seguidores um exemplo a seguir, confrontava com bondade e sabia que Deus estava a abençoar a Sua obediência. Tudo flui do nosso coração. Por conseguinte, a atitude do nosso coração é onde temos de começar como líderes.

LOUVOR

PROGRESSO

PROBLEMA

PLANO

Revisão

Boas-vindas

Quem Constrói a Igreja?

Porque é que Isso é Importante?

Como é Que Jesus Constrói a Sua Igreja?

–1Cor 11,1–Sede meus imitadores, como eu o sou de Cristo.

Formar Como Jesus

Como é Que Jesus Formou Líderes?

–Lc 6,40–Não está o discípulo acima do mestre, mas o discípulo bem formado será como o mestre.

Quem é o Maior Líder Segundo Jesus?

–MT 20,25-28–

JESUS CHAMOU-OS E DISSE-LHES: "SABEIS QUE OS CHEFES DAS NAÇÕES AS GOVERNAM COMO SEUS SENHORES, E QUE OS GRANDES EXERCEM SOBRE ELAS O SEU PODER. NÃO

SEJA ASSIM ENTRE VÓS. PELO CONTRÁRIO, QUEM ENTRE VÓS QUISER FAZER-SE GRANDE, SEJA O VOSSO SERVO; E QUEM NO MEIO DE VÓS QUISER SER O PRIMEIRO, SEJA VOSSO SERVO. TAMBÉM O FILHO DO HOMEM NÃO VEIO PARA SER SERVIDO, MAS PARA SERVIR E DAR A SUA VIDA PARA RESGATAR A MULTIDÃO."

Faça continência como um soldado e depois junte as mãos e faça uma vénia como um servo.

Quais São Sete Qualidades de um Grande Líder?

–JO 13,1-17–

[1]ANTES DA FESTA DA PÁSCOA, JESUS, SABENDO BEM QUE TINHA CHEGADO A SUA HORA DA PASSAGEM DESTE MUNDO PARA O PAI, ELE, QUE AMARA OS SEUS QUE ESTAVAM NO MUNDO, LEVOU O SEU AMOR POR ELES ATÉ AO EXTREMO.

[2]O DIABO JÁ TINHA METIDO NO CORAÇÃO DE JUDAS, FILHO DE SIMÃO ISCARIOTES, A DECISÃO DE O ENTREGAR.

[3]ENQUANTO CELEBRAVAM A CEIA, JESUS, SABENDO PERFEITAMENTE QUE O PAI TUDO LHE PUSERA NAS MÃOS, E QUE SAÍRA DE DEUS E PARA DEUS VOLTAVA,

[4]LEVANTOU-SE DA MESA, TIROU O MANTO, TOMOU UMA TOALHA E ATOU-A À CINTURA.

[5]DEPOIS DEITOU ÁGUA NA BACIA E COMEÇOU A LAVAR OS PÉS AOS DISCÍPULOS E A ENXUGÁ-LOS COM A TOALHA QUE ATARA À CINTURA.

[6]CHEGOU, POIS, A SIMÃO PEDRO. ESTE DISSE-LHE: "SENHOR, TU É QUE ME LAVAS OS PÉS?"

[7]JESUS RESPONDEU-LHE: "O QUE EU ESTOU A FAZER TU NÃO O ENTENDES POR AGORA, MAS HÁS-DE COMPREENDÊ-LO DEPOIS."

[8]DISSE-LHE PEDRO: "NÃO! TU NUNCA ME HÁS-DE LAVAR OS PÉS!" REPLICOU-LHE JESUS: "SE EU NÃO TE LAVAR, NADA TERÁS A HAVER COMIGO."

[9]DISSE-LHE, ENTÃO, SIMÃO PEDRO: "Ó SENHOR! NÃO SÓ OS PÉS, MAS TAMBÉM AS MÃOS E A CABEÇA!"

[10]RESPONDEU-LHE JESUS: "QUEM TOMOU BANHO NÃO PRECISA DE LAVAR SENÃO OS PÉS, POIS ESTÁ TODO LIMPO. E VÓS ESTAIS LIMPOS, MAS NÃO TODOS."

[11]ELE BEM SABIA QUEM O IA ENTREGAR; POR ISSO É QUE LHE DISSE: 'NEM TODOS ESTAIS LIMPOS'.

[12]DEPOIS DE LHES TER LAVADO OS PÉS E DE TER POSTO O MANTO, VOLTOU A SENTAR-SE À MESA E DISSE-LHES:

[13]"COMPREENDEIS O QUE VOS FIZ? VÓS CHAMAIS-ME 'O MESTRE' E 'O SENHOR', E DIZEIS BEM, PORQUE O SOU.

[14]ORA, SE EU, O SENHOR E O MESTRE, VOS LAVEI OS PÉS, TAMBÉM VÓS DEVEIS LAVAR OS PÉS UNS AOS OUTROS.

[15]NA VERDADE, DEI-VOS EXEMPLO PARA QUE, ASSIM COMO EU FIZ, VÓS FAÇAIS TAMBÉM.

[16]EM VERDADE, EM VERDADE VOS DIGO, NÃO É O SERVO MAIS DO QUE O SEU SENHOR, NEM O ENVIADO MAIS DO QUE AQUELE QUE O ENVIA.

[17]UMA VEZ QUE SABEIS ISTO, SEREIS FELIZES SE O PUSERDES EM PRÁTICA.

1. _____

Bata no peito com a mão.

2. _____

🖐 Faça continência como um solado e acene que "sim" com a cabeça

3. _____

🖐 Faça uma vénia com as duas mãos na posição tradicional de oração.

4. _____

🖐 Faça o símbolo do coração com os dedos indicadores e polegares das duas mãos.

5. _____

🖐 Ponha as mãos dos lados da cabeça como que tenha dores.

6. _____

🖐 Aponte para o Céu e acene que "sim" com a cabeça.

7. _____

🖐 Levante as mãos em louvor ao Céu.

Versículo de Memorização

–JO 13,14-15–
ORA, SE EU, O SENHOR E O MESTRE, VOS LAVEI OS PÉS,
TAMBÉM VÓS DEVEIS LAVAR OS PÉS UNS AOS OUTROS. NA
VERDADE, DEI-VOS EXEMPLO PARA QUE, ASSIM COMO EU
FIZ, VÓS FAÇAIS TAMBÉM.

PRÁTICA

"Agora, vamos usar o mesmo processo de formação usado por Jesus para praticar o que aprendemos nesta lição de liderança."

FINAL

Chinlone

4

Crescer em Força

Os líderes que você forma estão a liderar grupos e a aprender o quão exigente pode ser liderar os outros. Os líderes enfrentam uma guerra espiritual significativa de fora do seu grupo e diferenças de personalidade dentro do grupo. Um ponto-chave da liderança eficaz é identificar diferentes tipos de personalidade e aprender a trabalhar eficientemente com eles como equipa. A lição "Crescer em Força" dá aos líderes uma forma simples de ajudar as pessoas a descobrir o seu tipo de personalidade. Quando percebemos como Deus nos fez, possuímos fortes indícios de como nos podemos fortalecer Nele.

Há oito tipos de personalidade: soldado, procurador, pastor, semeador, filho, santo, servo e investidor. Após ajudarem os líderes a descobrir o seu tipo, os formadores discutem pontos fortes e fracos de cada tipo. Muitas pessoas presumem que Deus ama o tipo de personalidade que é mais valorizado pelas suas culturas. Outros líderes acreditam que a capacidade de liderança depende da personalidade. Estas crenças restritivas simplesmente não são verdade. A sessão termina realçando que os líderes devem tratar as pessoas como indivíduos. A formação de liderança tem de

20

responder às necessidades individuais e não ser uma abordagem "formato único".

Louvor

Progresso

Problema

Plano

Revisão

Boas-vindas
Quem Constrói a Igreja?
Porque é que Isso é Importante?
Como é Que Jesus Constrói a Sua Igreja?

–1Cor 11,1–Sede meus imitadores, como eu o sou de Cristo.

Formar Como Jesus
Como é Que Jesus Formou Líderes?

–Lc 6,40–Não está o discípulo acima do mestre, mas o discípulo bem formado será como o mestre.

Liderar Como Jesus

Quem é o Maior Líder Segundo Jesus? ✋

Quais São Sete Qualidades de um Grande Líder?

—Jo 13,14-15—Ora, se Eu, o Senhor e o Mestre, vos lavei os pés, também vós deveis lavar os pés uns aos outros. Na verdade, dei-vos exemplo para que, assim como Eu fiz, vós façais também.

Que Personalidade é Que Deus Lhe Deu?

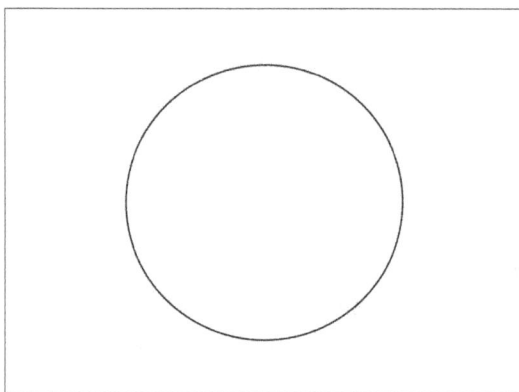

Qual é o Tipo de Personalidade Que Deus Mais Ama?

_____

Qual é o Tipo de Personalidade Que Faz o Melhor Líder?

_____

Versículo de Memorização

–RM 12,4-5–
É QUE, COMO NUM SÓ CORPO, TEMOS MUITOS
MEMBROS, MAS OS MEMBROS NÃO TÊM TODOS A MESMA
FUNÇÃO, ASSIM ACONTECE CONNOSCO: OS MUITOS QUE
SOMOS FORMAMOS UM SÓ CORPO EM CRISTO, MAS,
INDIVIDUALMENTE, SOMOS MEMBROS QUE PERTENCEM
UNS AOS OUTROS.

PRÁTICA

FINAL

O Cheeseburger Americano ✎

5

Mais Fortes
Juntos

Os líderes descobriram o seu tipo de personalidade na última lição. "Mais Fortes Juntos" mostra aos líderes como o seu tipo de personalidade interage com os outros. Porque é que as pessoas têm oito tipos de personalidade diferentes no mundo? Algumas pessoas dizem que a arca de Noé tinha oito pessoas, enquanto outras dizem que Deus fez um tipo de personalidade para cada ponto cardeal – norte, nordeste, este, etc. Podemos explicar a razão de forma simples. O mundo tem oito tipos de personalidade diferentes porque Deus criou as pessoas à Sua imagem. Se quiser ver como Deus é, a Bíblia diz para olhar para Jesus. Os oito tipos de personalidade essenciais do mundo espelham as oito imagens de Jesus.

Jesus é como um soldado – o Comandante-Chefe do exército de Deus. É como um procurador – procurando e salvando os perdidos. É como um pastor – oferecendo aos seus seguidores comida, água e descanso. Jesus é como um semeador – semeando a Palavra de Deus nas nossas vidas. É um filho – Deus chamou-lhe "muito amado" e mandou-nos ouvi-lo. Jesus é o salvador e chama-nos a representá-Lo no mundo como santos. É um servo – obediente ao Pai, mesmo até à morte. Por último, Jesus é um investidor – muitas parábolas referem-se à gestão do tempo, dinheiro e pessoas.

Todos os líderes carregam a responsabilidade de ajudar as pessoas a trabalhar juntas. O conflito ocorre inevitavelmente entre personalidades diferentes porque vêem o mundo de forma diferente. As duas formas mais comuns de as pessoas lidarem com o conflito é evitá-lo ou lutarem umas contra as outras. Uma terceira forma de lidar com o conflito, liderada pelo Espírito de Deus, é encontrar soluções que respeitem e afirmem todos os tipos de personalidade. A sessão termina com um concurso de teatro que mostra esta verdade de forma humorística. O diagrama "oito imagens de Cristo" ajuda-nos a compreender como amar melhor os outros. Este é o trabalho de todos os seguidores de Jesus.

LOUVOR

PROGRESSO

PROBLEMA

PLANO

Revisão

Boas-vindas

Quem Constrói a Igreja?

Porque é que Isso é Importante?

Como é Que Jesus Constrói a Sua Igreja?

–1Cor 11,1–Sede meus imitadores, como eu o sou de Cristo.

Formar Como Jesus

Como é Que Jesus Formou Líderes?

–Lc 6,40–Não está o discípulo acima do mestre, mas o discípulo bem formado será como o mestre.

Liderar Como Jesus

Quem é o Maior Líder Segundo Jesus? ✋

Quais São Sete Qualidades de um Grande Líder?

–Jo 13,14-15–Ora, se Eu, o Senhor e o Mestre, vos lavei os pés, também vós deveis lavar os pés uns aos outros. Na verdade, dei-vos exemplo para que, assim como Eu fiz, vós façais também.

Crescer em Força

Que Personalidade é Que Deus Lhe Deu?

Qual é o Tipo de Personalidade De Que Deus Mais Gosta?

Qual é o Tipo de Personalidade Que Faz o Melhor Líder?

–Rm 12,4-5–É que, como num só corpo, temos muitos membros, mas os membros não têm todos a mesma função, assim acontece connosco: os muitos que somos formamos um só corpo em Cristo, mas,

individualmente, somos membros que pertencem uns aos outros.

Porque é Que Há Oito Tipos de Pessoas No Mundo?

–Gn 1,26–
Depois, Deus disse: "Façamos o ser humano à nossa imagem, à nossa semelhança. . ."

–Cl 1,15–
É Ele (Jesus) a imagem do Deus invisível, o primogénito de toda a criatura.

_____

Como é Jesus?

1. _____

–Mt 26,53–
Julgas que não posso recorrer a meu Pai? Ele imediatamente me enviaria mais de doze legiões de anjos!

🖐 Levante uma espada.

2. _____

–LC 19,10–
POIS, O FILHO DO HOMEM VEIO PROCURAR E SALVAR O
QUE ESTAVA PERDIDO.

🖐 Olhe de um lado para o outro com uma mão em cima
dos olhos.

3. _____

–JO 10,11–
EU SOU O BOM PASTOR. O BOM PASTOR DÁ A SUA VIDA
PELAS OVELHAS.

🖐 Mova os braços na direcção do corpo como que esteja
a reunir pessoas.

4. _____

–MT 13,37–
ELE, RESPONDENDO, DISSE-LHES: "AQUELE QUE SEMEIA A
BOA SEMENTE É O FILHO DO HOMEM.

🖐 Lance sementes com as mãos.

5. _____

–LC 9,35–
E DA NUVEM VEIO UMA VOZ QUE DISSE: "ESTE É O MEU
FILHO PREDILECTO. ESCUTAI-O."

Mova as mãos na direcção da boca como que esteja a comer.

6. _____

–MC 8,31–
COMEÇOU, DEPOIS, A ENSINAR-LHES QUE O FILHO DO
HOMEM TINHA DE SOFRER MUITO E SER REJEITADO
PELOS ANCIÃOS, PELOS SUMOS-SACERDOTES E PELOS
DOUTORES DA LEI, E SER MORTO E RESSUSCITAR DEPOIS
DE TRÊS DIAS.

Coloque as mãos na posição típica de oração.

7. _____

–JO 13,14-15–
ORA, SE EU, O SENHOR E O MESTRE, VOS LAVEI OS PÉS,
TAMBÉM VÓS DEVEIS LAVAR OS PÉS UNS AOS OUTROS. NA
VERDADE, DEI-VOS EXEMPLO PARA QUE, ASSIM COMO EU
FIZ, VÓS FAÇAIS TAMBÉM.

Empunhe um machado.

8. _____

–LC 6,38–

"DAI E SER-VOS-Á DADO: UMA BOA MEDIDA, CHEIA, RECALCADA, TRANSBORDANTE SERÁ LANÇADA NO VOSSO REGAÇO. A MEDIDA QUE USARDES COM OS OUTROS SERÁ USADA CONVOSCO."

✋ Tire dinheiro do bolso da camisa ou carteira.

Quais São as Três Escolhas Que Temos Quando Há um Conflito?

1. _____

✋ Mantenha os punhos juntos. Afaste-os um do outro e coloque-os atrás das costas.

2. _____

✋ Junte os punhos e bata um contra o outro.

3. _____

✋ Mantenha os punhos juntos, abra as mãos e entrelace os dedos, abane as mãos em cima e em baixo, como que estejam a trabalhar juntas.

Versículo de Memorização

–GL 2:20–
JÁ NÃO SOU EU QUE VIVO, MAS É CRISTO QUE VIVE EM MIM.

PRÁTICA

Concurso de Teatro ✎

UMA PERGUNTA COMUM

Qual é a diferença entre as oito imagens de Cristo e os dons espirituais?

6

Partilhar o Evangelho

Como é que as pessoas podem acreditar se nunca ouviram o Evangelho? Infelizmente, os seguidores de Jesus nem sempre partilham o Evangelho para que as pessoas possam acreditar. Uma razão por que isso acontece é nunca terem aprendido a partilhá-Lo. Outra razão é ficarem ocupados com a rotina diária e se esquecerem de partilhar. Na lição "Partilhar o Evangelho", os líderes aprendem a fazer uma "pulseira do evangelho" para partilhar com os amigos e família. A pulseira lembra-nos de partilhar com os outros e é um óptimo iniciador de conversa. As suas cores lembram-nos de como partilhar o Evangelho com as pessoas que estão à procura de Deus.

A pulseira do evangelho mostra como deixámos a família de Deus. No princípio era Deus – a conta dourada. O Espírito Santo criou um mundo perfeito com céus e mares – a conta azul. Ele criou o Homem e colocou-o num belo jardim – a conta verde. O primeiro homem e a primeira mulher desobedeceram a

Deus e trouxeram o pecado e o sofrimento ao mundo – a conta preta. Deus enviou o seu único Filho ao mundo, que viveu uma vida perfeita – a conta branca. Jesus pagou pelos nossos pecados morrendo na cruz – a conta vermelha.

A pulseira do evangelho mostra-nos como podemos regressar à família de Deus revertendo a ordem. Deus disse que todas as pessoas que acreditarem que Jesus morreu na cruz por elas – a conta vermelha – e que Jesus é o Filho de Deus – a conta branca – terão os seus pecados perdoados – a conta preta. Deus aceita-nos de volta na Sua família e ficamos mais parecidos com Jesus – a conta verde. Deus dá-nos o seu Espírito Santo – a conta azul – e promete-nos que quando morrermos estaremos com ele no Céu, onde há estradas de ouro – a conta dourada.

A lição termina mostrando que Jesus é a único caminho para Deus. Ninguém é suficientemente esperto, suficientemente bom, suficientemente forte ou suficientemente terno para chegar a Deus sozinho. Jesus é o único caminho que as pessoas podem percorrer para regressar a Deus. Seguir Jesus é a única verdade que liberta as pessoas dos seus pecados. Só Jesus pode conceder a vida eterna por causa da sua morte na cruz.

Louvor

Progresso

Problema

Plano

Revisão

Boas-vindas
Quem Constrói a Igreja?
Porque é que Isso é Importante?
Como é Que Jesus Constrói a Sua Igreja?

–1Cor 11,1–Sede meus imitadores, como eu o sou de Cristo.

Formar Como Jesus
Como é Que Jesus Formou Líderes?

–Lc 6,40–Não está o discípulo acima do mestre, mas o discípulo bem formado será como o mestre.

Liderar Como Jesus
Quem é o Maior Líder Segundo Jesus?
Quais São Sete Qualidades de um Grande Líder?

–Jo 13,14-15–Ora, se Eu, o Senhor e o Mestre, vos lavei os pés, também vós deveis lavar os pés uns aos outros. Na verdade, dei-vos exemplo para que, assim como Eu fiz, vós façais também.

Crescer em Força
Que Personalidade é Que Deus Lhe Deu?
Qual é o Tipo de Personalidade De Que Deus Mais Gosta?
Qual é o Tipo de Personalidade Que Faz o Melhor Líder?

–Rm 12,4-5–É que, como num só corpo, temos muitos membros, mas os membros não têm todos a mesma função, assim acontece connosco: os muitos

que somos formamos um só corpo em Cristo, mas, individualmente, somos membros que pertencem uns aos outros.

Mais Fortes Juntos

Porque é Que Há Oito Tipos de Pessoas No Mundo?

Como é Jesus?

Quais São as Três Escolhas Que Temos Quando Há um Conflito?

—Gl 2,20—Já não sou eu que vivo, mas é Cristo que vive em mim.

Como Posso Partilhar o Evangelho Simples?

–LC 24,1-7–

No primeiro dia da semana, ao romper da alva, as mulheres foram ao sepulcro, levando os perfumes que haviam preparado. Encontraram removida a pedra da porta do sepulcro e, entrando, não acharam o corpo do Senhor Jesus. Estando elas perplexas com o caso, apareceram-lhes dois homens em trajes resplandecentes. Como estivessem amedrontadas e voltassem o rosto para o chão, eles disseram-lhes: "Porque buscais o Vivente entre os mortos? Não está aqui; ressuscitou! Lembrai-vos de como vos falou, quando ainda estava na Galileia, dizendo que o Filho do Homem havia de ser entregue às mãos dos pecadores, ser crucificado e ressuscitar ao terceiro dia."

CONTA DOURADA

CONTA AZUL

CONTA VERDE

CONTA PRETA

CONTA BRANCA

CONTA VERMELHA

CONTA VERMELHA

CONTA BRANCA

CONTA PRETA

CONTA VERDE

CONTA AZUL

CONTA DOURADA

Porque é Que Precisamos da Ajuda de Jesus?

1. _____

-Is 55,9-
TANTO QUANTO OS CÉUS ESTÃO ACIMA DA TERRA, ASSIM
OS MEUS CAMINHOS SÃO MAIS ALTOS QUE OS VOSSOS, E
OS MEUS PLANOS, MAIS ALTOS QUE OS VOSSOS PLANOS.

🖐 Coloque os dedos indicadores das duas mãos dos
lados da cabeça e abane a cabeça indicando "Não".

2. _____

-Is 64,5-
TODOS   NÓS   ÉRAMOS   PESSOAS   IMPURAS;   AS
NOSSAS   MELHORES   ACÇÕES   ERAM   COMO   PANOS
ENSANGUENTADOS.   MURCHÁVAMOS   COMO   FOLHAS
SECAS, E AS NOSSAS MALDADES ARRASTAVAM-NOS COMO
O VENTO.

🖐 Finja que tira muito dinheiro do bolso da camisa ou
carteira e abane a cabeça indicando "Não".

3. _____

-Rm 7,18-
SIM, EU SEI QUE EM MIM, ISTO É, NA MINHA CARNE,
NÃO HABITA COISA BOA; POIS O QUERER ESTÁ AO MEU
ALCANCE, MAS REALIZAR O BEM, ISSO NÃO.

37

✋ Levante os braços para cima na posição de "homem forte" e abane a cabeça indicando "Não".

4. _____

–Rm 3,23–
TODOS PECARAM E ESTÃO PRIVADOS DA GLÓRIA DE DEUS.

✋ Estenda as mãos como que se sejam os braços de uma balança, movimente-as para cima e para baixo e abane a cabeça indicando "Não".

Versículo de Memorização

–Jo 14,6–
JESUS RESPONDEU-LHE: "EU SOU O CAMINHO, A VERDADE E A VIDA. NINGUÉM PODE IR ATÉ AO PAI SENÃO POR MIM."

PRÁTICA

"Agora, vamos usar o mesmo processo de formação usado por Jesus para praticar o que aprendemos nesta lição de liderança."

FINAL

O Poder de Formar Formadores

O Meu Plano de Jesus

7

Fazer Discípulos

Um bom líder tem sempre um bom plano. Jesus deu aos discípulos um plano simples, mas poderoso, para os seus ministérios em Lc 10: preparem os vossos corações, encontrem pessoas de paz, partilhem a boa nova e avaliem os resultados. Jesus deu-nos um bom plano a seguir.

Quer comecemos um ministério numa igreja, uma igreja nova, ou um grupo, os passos do Plano de Jesus ajudar-nos-ão a evitar erros desnecessários. Esta lição ensina os líderes a orientar-se uns aos outros nos seus Planos de Jesus pessoais. Estes também começarão a trabalhar para as suas apresentações ao grupo do seu Plano de Jesus.

LOUVOR

PROGRESSO

PROBLEMA

PLANO

Revisão

Boas-vindas
Quem Constrói a Igreja?
Porque é que Isso é Importante?
Como é Que Jesus Constrói a Sua Igreja?

—1Cor 11,1—Sede meus imitadores, como eu o sou de Cristo.

Formar Como Jesus
Como é Que Jesus Formou Líderes?

—Lc 6,40—Não está o discípulo acima do mestre, mas o discípulo bem formado será como o mestre.

Liderar Como Jesus
Quem é o Maior Líder Segundo Jesus?
Quais São Sete Qualidades de um Grande Líder?

—Jo 13,14-15—Ora, se Eu, o Senhor e o Mestre, vos lavei os pés, também vós deveis lavar os pés uns aos outros. Na verdade, dei-vos exemplo para que, assim como Eu fiz, vós façais também.

Crescer em Força
Que Personalidade é Que Deus Lhe Deu?
Qual é o Tipo de Personalidade De Que Deus Mais Gosta?
Qual é o Tipo de Personalidade Que Faz o Melhor Líder?

–Rm 12,4-5–É que, como num só corpo, temos muitos membros, mas os membros não têm todos a mesma função, assim acontece connosco: os muitos que somos formamos um só corpo em Cristo, mas, individualmente, somos membros que pertencem uns aos outros.

Mais Fortes Juntos

Porque é Que Há Oito Tipos de Pessoas No Mundo?

Como é Jesus?

Quais São as Três Escolhas Que Temos Quando Há um Conflito?

–Gl 2,20–Já não sou eu que vivo, mas é Cristo que vive em mim.

Partilhar o Evangelho

Como Posso Partilhar o Evangelho Simples?

Porque é Que Precisamos da Ajuda de Jesus?

–Jo 14,6–Jesus respondeu-lhe: "Eu sou o Caminho, a Verdade e a Vida. Ninguém pode ir até ao Pai senão por mim."

Qual é o Primeiro Passo do Plano de Jesus?

–LC 10,1-4–

[1]DEPOIS DISTO, O SENHOR DESIGNOU OUTROS SETENTA E DOIS DISCÍPULOS E ENVIOU-OS DOIS A DOIS, À SUA FRENTE, A TODAS AS CIDADES E LUGARES AONDE ELE HAVIA DE IR.

[2]DISSE-LHES: "A MESSE É GRANDE, MAS OS TRABALHADORES SÃO POUCOS. ROGAI, PORTANTO, AO DONO DA MESSE QUE MANDE TRABALHADORES PARA A SUA MESSE.

[3]IDE! ENVIO-VOS COMO CORDEIROS PARA O MEIO DE LOBOS.

[4]NÃO LEVEIS BOLSA, NEM ALFORGE, NEM SANDÁLIAS; E NÃO VOS DETENHAIS A SAUDAR NINGUÉM PELO CAMINHO.

⊰ Apoia-te em Mim ⊱

Use os dedos indicador e médio das duas mãos para "caminhar" juntos.

IDE PARA ONDE JESUS ESTÁ A TRABALHAR (1)

Ponha uma mão sobre o coração e abane a cabeça indicando "não".

Ponha uma mão em cima dos olhos; procure à esquerda e à direita.

Aponte para um lugar à sua frente e abane a cabeça indicando "sim".

Levante as mãos para cima em louvor e depois cruze-as sobre o coração.

OREM POR LÍDERES DA MESSE (2)

🖐 Mãos levantadas em adoração..

🖐 As palmas das mãos estão para fora a tapar a face; a cabeça está virada para o lado.

🖐 Mãos em concha para receber.

🖐 Mãos na posição de oração e colocadas bem alto na testa para simbolizar respeito.

IDE COM HUMILDADE (3)

❧ O Líder Grande ❧

🖐 Coloque as mãos na posição de oração e faça uma vénia.

DEPENDAM DE DEUS, E NÃO DO DINHEIRO (4)

❧ O Dinheiro é Como Mel ❧

🖐 Finja tirar dinheiro do bolso da camisa, abane a cabeça indicando "não", e depois aponte para o Céu abanando a cabeça indicando "sim".

IDE DIRECTAMENTE PARA ONDE ELE ESTÁ A CHAMAR (4)

⚘ Boas Distracções ⚘

🖐 Coloque as palmas e os dedos das duas mãos juntos e faça o movimento que indica "imediatamente".

Versículo de Memorização

–LC 10,2–
DISSE-LHES: "A MESSE É GRANDE, MAS OS TRABALHADORES SÃO POUCOS. ROGAI, PORTANTO, AO DONO DA MESSE QUE MANDE TRABALHADORES PARA A SUA MESSE."

PRÁTICA

FINAL

O Meu Plano de Jesus

8

Começar Grupos

Os líderes preparam os seus corações no Passo 1 do Plano de Jesus. A lição "Começar Grupos" abarca os passos 2, 3 e 4. Poderíamos evitar muitos erros nos ministérios e nas missões seguindo simplesmente os princípios do Plano de Jesus presentes em Lc 10. Os líderes aplicam estes princípios no final da sessão quando preenchem o seu "Plano de Jesus" pessoal.

O Passo 2 é sobre o desenvolvimento de relações. Juntamo-nos a Deus onde Ele está a trabalhar e descobrimos pessoas influentes que estejam receptivas à mensagem. Comemos e bebemos o que nos dão para lhes mostrar que os aceitamos. Não passamos de uma amizade para outra, porque isso desacredita a mensagem de reconciliação que pregamos.

Partilhamos a boa nova no Passo 3. Jesus é um pastor e quer proteger e cuidar das pessoas. Neste passo, os formadores encorajam os líderes a encontrar formas de curar enquanto ministram. As pessoas não se importam com o que sabe até saberem que se preocupa. Curar os doentes abre portas para a partilha do Evangelho.

Avaliamos os resultados e ajustamo-nos no Passo 4. Quão receptivas estão as pessoas? Há um interesse genuíno em questões espirituais ou é outra razão, como o dinheiro, que fomenta a sua curiosidade? Se as pessoas estiverem a responder, ficamos e continuamos a missão. Se as pessoas não estiverem a responder, Jesus manda-nos sair e começar noutro lugar.

Louvor

Progresso

Problema

Plano

Revisão

Boas-vindas
Quem Constrói a Igreja?
Porque é que Isso é Importante?
Como é Que Jesus Constrói a Sua Igreja?

—1Cor 11,1—Sede meus imitadores, como eu o sou de Cristo.

Formar Como Jesus
Como é Que Jesus Formou Líderes?

—Lc 6,40—Não está o discípulo acima do mestre, mas o discípulo bem formado será como o mestre.

Liderar Como Jesus

Quem é o Maior Líder Segundo Jesus? ✋

Quais São Sete Qualidades de um Grande Líder?

> –Jo 13,14-15–Ora, se Eu, o Senhor e o Mestre, vos lavei os pés, também vós deveis lavar os pés uns aos outros. Na verdade, dei-vos exemplo para que, assim como Eu fiz, vós façais também.

Crescer em Força

Que Personalidade é Que Deus Lhe Deu?

Qual é o Tipo de Personalidade De Que Deus Mais Gosta?

Qual é o Tipo de Personalidade Que Faz o Melhor Líder?

> –Rm 12,4-5–É que, como num só corpo, temos muitos membros, mas os membros não têm todos a mesma função, assim acontece connosco: os muitos que somos formamos um só corpo em Cristo, mas, individualmente, somos membros que pertencem uns aos outros.

Mais Fortes Juntos

Porque é Que Há Oito Tipos de Pessoas No Mundo?

Como é Jesus?

Quais São as Três Escolhas Que Temos Quando Há um Conflito?

> –Gl 2,20–Já não sou eu que vivo, mas é Cristo que vive em mim.

Partilhar o Evangelho

Como Posso Partilhar o Evangelho Simples?

Porque é Que Precisamos da Ajuda de Jesus

> –Jo 14,6–Jesus respondeu-lhe: "Eu sou o Caminho, a Verdade e a Vida. Ninguém pode ir até ao Pai senão por mim."

Fazer Discípulos
Qual é o Primeiro Passo do Plano de Jesus?

–Lc 10,2-4–Disse-lhes: "A messe é grande, mas os trabalhadores são poucos. Rogai, portanto, ao dono da messe que mande trabalhadores para a sua messe."

Qual é o Segundo Passo do Plano de Jesus?

–LC 10,5-8–

[5]EM QUALQUER CASA EM QUE ENTRARDES, DIZEI PRIMEIRO: 'A PAZ ESTEJA NESTA CASA!'

[6]E, SE LÁ HOUVER UM HOMEM DE PAZ, SOBRE ELE REPOUSARÁ A VOSSA PAZ; SE NÃO, VOLTARÁ PARA VÓS.

[7]FICAI NESSA CASA, COMENDO E BEBENDO DO QUE LÁ HOUVER, POIS O TRABALHADOR MERECE O SEU SALÁRIO. NÃO ANDEIS DE CASA EM CASA.

[8]EM QUALQUER CIDADE EM QUE ENTRARDES E VOS RECEBEREM, COMEI DO QUE VOS FOR SERVIDO.

ENCONTREM UMA PESSOA DE PAZ (5, 6)

Aperte as mãos uma na outra como um aperto de mãos entre amigos.

COMAM E BEBAM DO QUE LÁ HOUVER (7, 8)

✋ Finja comer e beber. Depois esfregue a barriga para mostrar que a comida é boa.

NÃO ANDEM DE CASA EM CASA (7)

✋ Faça o contorno do telhado de uma casa com as duas mãos. Mova a casa para vários lugares e abane a cabeça indicando "Não".

◈ Como Irritar uma Aldeia ◈

Qual é o Terceiro Passo do Plano de Jesus?

–LC 10,9–
CURAI OS DOENTES QUE NELA HOUVER E DIZEI-LHES: 'O REINO DE DEUS JÁ ESTÁ PRÓXIMO DE VÓS.'

CUREM OS DOENTES (9)

✋ Estenda os braços como que esteja a pousar as mãos numa pessoa doente para a curar.

49

PARTILHEM O EVANGELHO (9)

👋 Coloque as mãos em concha à volta da boca como que esteja a segurar num megafone.

❦ O Pássaro Com Duas Asas ❦

Qual é o Quarto Passo do Plano de Jesus?

–LC 10,10-11–

MAS, EM QUALQUER CIDADE EM QUE ENTRARDES E NÃO VOS RECEBEREM, SAÍ À PRAÇA PÚBLICA E DIZEI: 'ATÉ O PÓ DA VOSSA CIDADE, QUE SE PEGOU AOS NOSSOS PÉS, SACUDIMOS, PARA VO-LO DEIXAR. NO ENTANTO, FICAI SABENDO QUE O REINO DE DEUS JÁ CHEGOU.'"

AVALIEM COMO ELES RESPONDEM (10, 11)

👋 Vire as palmas das mãos para cima para representarem uma balança. Mova a balança para cima e para baixo com uma expressão de interrogação na face.

VÃO-SE EMBORA SE NÃO RESPONDEREM (11)

👋 Despeça-se acenando.

Versículo de Memorização

–LC 10,9–
CURAI OS DOENTES QUE NELA HOUVER E DIZEI-LHES: 'O
REINO DE DEUS JÁ ESTÁ PRÓXIMO DE VÓS.'

PRÁTICA

FINAL

O Meu Plano de Jesus

9

Multiplicar Grupos

As igrejas reprodutoras saudáveis são resultado de crescer em força em Deus, partilhar o Evangelho, fazer discípulos, começar grupos e formar líderes. Contudo, a maioria dos líderes nunca começou uma igreja, e não sabe como começar. "Multiplicar Grupos" apresenta os locais em que nos devemos concentrar quando começamos grupos que originam igrejas. Nos Actos dos Apóstolos, Jesus ordena-nos que comecemos grupos em quatro áreas diferentes. Diz para começarmos grupos na cidade e na região onde vivemos. Depois, diz para começarmos associações novas numa região vizinha e num grupo étnico diferente de onde vivemos. Por último, Jesus ordena-nos que vamos para lugares longínquos e alcancemos todos os grupos étnicos do mundo. Os formadores encorajam os líderes a adoptar o coração de Jesus para todos os povos e a fazer planos para alcançar a sua Jerusalém, Judeia, Samaria, e até aos confins do mundo. Os líderes adicionam estes compromissos ao seu "Plano de Jesus".

Os Actos dos Apóstolos também descrevem o trabalho de quatro tipos de iniciadores de grupos. Pedro, um pastor, ajudou a começar um grupo na casa de Cornélio. Paulo, um leigo, viajou por todo o Império Romano, começando grupos. Priscila e Áquila, fabricantes por conta própria, começaram grupos onde quer que os seus negócios os levaram. As pessoas "perseguidas" em Act 8 espalharam-se e começaram grupos onde quer que estivessem. Nesta lição, os líderes identificam possíveis iniciadores de grupos na sua esfera de influência e incluem-nos no seu "Plano de Jesus". A sessão termina abordando a suposição de que começar igrejas requer uma grande conta bancária. A maior parte das igrejas começa nas casas, com uma despesa quase limitada à compra de uma Bíblia.

LOUVOR

PROGRESSO

PROBLEMA

PLANO

Revisão

Boas-vindas
Quem Constrói a Igreja?
Porque é que Isso é Importante?
Como é Que Jesus Constrói a Sua Igreja?

–1Cor 11,1–Sede meus imitadores, como eu o sou de Cristo.

Formar Como Jesus

Como é Que Jesus Formou Líderes?

–Lc 6,40–Não está o discípulo acima do mestre, mas o discípulo bem formado será como o mestre.

Liderar Como Jesus

Quem é o Maior Líder Segundo Jesus?

Quais São Sete Qualidades de um Grande Líder?

–Jo 13,14-15–Ora, se Eu, o Senhor e o Mestre, vos lavei os pés, também vós deveis lavar os pés uns aos outros. Na verdade, dei-vos exemplo para que, assim como Eu fiz, vós façais também.

Crescer em Força

Que Personalidade é Que Deus Lhe Deu?

Qual é o Tipo de Personalidade De Que Deus Mais Gosta?

Qual é o Tipo de Personalidade Que Faz o Melhor Líder?

–Rm 12,4-5–É que, como num só corpo, temos muitos membros, mas os membros não têm todos a mesma função, assim acontece connosco: os muitos que somos formamos um só corpo em Cristo, mas, individualmente, somos membros que pertencem uns aos outros.

Mais Fortes Juntos

Porque é Que Há Oito Tipos de Pessoas No Mundo?

Como é Jesus?

Quais São as Três Escolhas Que Temos Quando Há um Conflito?

–Gl 2,20–Já não sou eu que vivo, mas é Cristo que vive em mim.

Partilhar o Evangelho

Como Posso Partilhar o Evangelho Simples?

Porque é Que Precisamos da Ajuda de Jesus?

–Jo 14,6–Jesus respondeu-lhe: "Eu sou o Caminho, a Verdade e a Vida. Ninguém pode ir até ao Pai senão por mim."

Fazer Discípulos

Qual é o Primeiro Passo do Plano de Jesus?

–Lc 10,2-4–Disse-lhes: "A messe é grande, mas os trabalhadores são poucos. Rogai, portanto, ao dono da messe que mande trabalhadores para a sua messe."

Começar Grupos

Qual é o Segundo Passo do Plano de Jesus?

Qual é o Terceiro Passo do Plano de Jesus?

Qual é o Quarto Passo do Plano de Jesus?

–Lc 10,9–Curai os doentes que nela houver e dizei-lhes: 'O Reino de Deus já está próximo de vós.'

Quais São os Quatro Locais Onde Jesus Ordenou Que os Crentes Começassem Grupos?

–ACT 1,8–

MAS IDES RECEBER UMA FORÇA, A DO ESPÍRITO SANTO, QUE DESCERÁ SOBRE VÓS, E SEREIS MINHAS TESTEMUNHAS EM JERUSALÉM, POR TODA A JUDEIA E SAMARIA E ATÉ AOS CONFINS DO MUNDO.

1. _____

2. _____

3. _____

4. _____

Quais São Quatro Formas de Começar um Grupo ou Igreja?

1. _____

–ACT 10,9–
NO DIA SEGUINTE, ENQUANTO ELES IAM A CAMINHO E
SE APROXIMAVAM DA CIDADE, PEDRO SUBIU AO TERRAÇO
PARA A ORAÇÃO DO MEIO-DIA.

2. _____

–ACT 13,2–
ESTANDO ELES A CELEBRAR O CULTO EM HONRA DO
SENHOR E A JEJUAR, DISSE-LHES O ESPÍRITO SANTO:
"SEPARAI BARNABÉ E SAULO PARA O TRABALHO A QUE EU
OS CHAMEI."

3. _____

–1Cor 16,19–
Saúdam-vos as igrejas da Ásia. Áquila e Priscila, juntamente com a assembleia que se reúne em sua casa, enviam-vos muitas saudações no Senhor.

4. _____

–Act 8,1–
Saulo aprovava também essa morte. No mesmo dia, uma terrível perseguição caiu sobre a igreja de Jerusalém. À excepção dos Apóstolos, todos se dispersaram pelas terras da Judeia e da Samaria.

Versículo de Memorização

–Act 1:8–
Mas ides receber uma força, a do Espírito Santo, que descerá sobre vós, e sereis minhas testemunhas em Jerusalém, por toda a Judeia e Samaria e até aos confins do mundo."

Prática

Final

Quanto é que custa começar uma igreja nova?

O Meu Plano de Jesus

OUTRA PERGUNTA COMUM

Como é que trabalha com pessoas não-alfabetizadas em sessões de formação?

10

Seguir Jesus

Em *Formar Líderes Radicais*, os líderes aprenderam quem constrói a igreja e porque é que isso é importante. Dominaram as cinco partes da estratégia de Jesus para alcançar o mundo e treinaram instruir-se uns aos outros. Compreendem as sete qualidades de um grande líder, desenvolveram uma "árvore da formação" para utilizar no futuro e sabem trabalhar com personalidades diferentes. Cada líder tem um plano baseado no plano de Jesus que consta em Lc 10. "Seguir Jesus" aborda a única parte da liderança que falta: a motivação.

Há dois mil anos, as pessoas seguiram Jesus por vários motivos. Algumas, como Tiago e João, acreditavam que seguir Jesus lhes traria fama. Outras, como os fariseus, seguiram-No para criticar e mostrar a sua superioridade. Outros ainda, como Judas, seguiram Jesus pelo dinheiro. A multidão de cinco mil pessoas queria seguir Jesus porque Ele proporcionou a comida de que precisavam. Outro grupo seguiu Jesus porque precisava de cura, e apenas uma pessoa regressou para agradecer. Infelizmente, muitas pessoas seguiram Jesus egoisticamente pelo que Ele lhes podia dar. Hoje não é diferente. Como líderes, devemos examinar-nos a nós mesmos e perguntar: "Porque é que estou a seguir Jesus?"

Jesus elogiou as pessoas que O seguiram com um coração de amor. O presente extravagante (perfume) de uma mulher desprezada trouxe a promessa de lembrança sempre que as pessoas pregassem o Evangelho. O tostão da viúva tocou mais no coração de Jesus do que todo o ouro do templo. Jesus ficou desapontado quando um jovem promissor se recusou a amar a Deus com todo o seu coração, escolhendo em vez disso a sua riqueza. Mais, Jesus só fez uma pergunta a Pedro para o restabelecer depois da sua traição: "Simão, tu és deveras meu amigo?" Os líderes espirituais amam as pessoas e amam a Deus.

A sessão termina com cada líder a partilhar o seu "Plano de Jesus". Os líderes rezam uns pelos outros, comprometem-se a trabalhar juntos e a instruir novos líderes pelo amor e a glória de Deus.

LOUVOR

PROGRESSO

Boas-vindas
Quem Constrói a Igreja?
Porque é que Isso é Importante?
Como é Que Jesus Constrói a Sua Igreja?

–1Cor 11,1–Sede meus imitadores, como eu o sou de Cristo.

Formar Como Jesus
Como é Que Jesus Formou Líderes?

–Lc 6,40–Não está o discípulo acima do mestre, mas o discípulo bem formado será como o mestre.

Liderar Como Jesus

Quem é o Maior Líder Segundo Jesus? ✋

Quais São Sete Qualidades de um Grande Líder?

—Jo 13,14-15–Ora, se Eu, o Senhor e o Mestre, vos lavei os pés, também vós deveis lavar os pés uns aos outros. Na verdade, dei-vos exemplo para que, assim como Eu fiz, vós façais também.

Crescer em Força

Que Personalidade é Que Deus Lhe Deu?

Qual é o Tipo de Personalidade De Que Deus Mais Gosta?

Qual é o Tipo de Personalidade Que Faz o Melhor Líder?

—Rm 12,4-5–É que, como num só corpo, temos muitos membros, mas os membros não têm todos a mesma função, assim acontece connosco: os muitos que somos formamos um só corpo em Cristo, mas, individualmente, somos membros que pertencem uns aos outros.

Mais Fortes Juntos

Porque é Que Há Oito Tipos de Pessoas No Mundo?

Como é Jesus?

Quais São as Três Escolhas Que Temos Quando Há um Conflito?

—Gl 2,20–Já não sou eu que vivo, mas é Cristo que vive em mim.

Partilhar o Evangelho

Como Posso Partilhar o Evangelho Simples?

Porque é Que Precisamos da Ajuda de Jesus?

—Jo 14,6–Jesus respondeu-lhe: "Eu sou o Caminho, a Verdade e a Vida. Ninguém pode ir até ao Pai senão por mim."

Fazer Discípulos

Qual é o Primeiro Passo do Plano de Jesus?

> *–Lc 10,2-4–Disse-lhes: "A messe é grande, mas os trabalhadores são poucos. Rogai, portanto, ao dono da messe que mande trabalhadores para a sua messe."*

Começar Grupos

Qual é o Segundo Passo do Plano de Jesus?
Qual é o Terceiro Passo do Plano de Jesus?
Qual é o Quarto Passo do Plano de Jesus?

> *–Lc 10,9–Curai os doentes que nela houver e dizei-lhes: 'O Reino de Deus já está próximo de vós.'*

Começar Igrejas

Quais São os Quatro Locais Onde Jesus Ordenou Que os Crentes Começassem Igrejas?
Quais São Quatro Formas de Começar uma Igreja?
Quanto é que custa começar uma igreja nova?

> *–Act 1,8–"Mas ides receber uma força, a do Espírito Santo, que descerá sobre vós, e sereis minhas testemunhas em Jerusalém, por toda a Judeia e Samaria e até aos confins do mundo."*

PLANO

Porque é Que Seguem Jesus?

1. _____

   –MC 10,35-37–
   TIAGO E JOÃO, FILHOS DE ZEBEDEU, APROXIMARAM-
   SE DELE E DISSERAM: "MESTRE, QUEREMOS QUE NOS
   FAÇAS O QUE TE PEDIMOS." DISSE-LHES: "QUE QUEREIS
   QUE VOS FAÇA?" ELES DISSERAM: "CONCEDE-NOS QUE,
   NA TUA GLÓRIA, NOS SENTEMOS UM À TUA DIREITA E
   OUTRO À TUA ESQUERDA."

2. _____

   –LC 11,53-54–
   QUANDO SAIU DALI, OS DOUTORES DA LEI E OS
   FARISEUS COMEÇARAM A PRESSIONÁ-LO FORTEMENTE
   COM PERGUNTAS E A FAZÊ-LO FALAR SOBRE MUITOS
   ASSUNTOS, ARMANDO-LHE CILADAS E PROCURANDO
   APANHAR-LHE ALGUMA PALAVRA PARA O ACUSAREM.

3. _____

   –JO 12,4-6–
   NESSA ALTURA DISSE UM DOS DISCÍPULOS, JUDAS
   ISCARIOTES, AQUELE QUE HAVIA DE O ENTREGAR:
   "PORQUE É QUE NÃO SE VENDEU ESTE PERFUME POR
   TREZENTOS DENÁRIOS, PARA OS DAR AOS POBRES?" ELE,
   PORÉM, DISSE ISTO, NÃO PORQUE SE PREOCUPASSE COM

OS POBRES, MAS PORQUE ERA LADRÃO E, COMO TINHA A BOLSA DO DINHEIRO, TIRAVA O QUE NELA SE DEITAVA.

4. _____

–JO 6,11-15–

ENTÃO, JESUS TOMOU OS PÃES E, TENDO DADO GRAÇAS, DISTRIBUIU-OS PELOS QUE ESTAVAM SENTADOS, TAL COMO OS PEIXES, E ELES COMERAM QUANTO QUISERAM. QUANDO SE SACIARAM, DISSE AOS SEUS DISCÍPULOS: "RECOLHEI OS PEDAÇOS QUE SOBRARAM, PARA QUE NADA SE PERCA". RECOLHERAM-NOS, ENTÃO, E ENCHERAM DOZE CESTOS DE PEDAÇOS DOS CINCO PÃES DE CEVADA QUE SOBEJARAM AOS QUE TINHAM ESTADO A COMER. AQUELA GENTE, AO VER O SINAL MILAGROSO QUE JESUS TINHA FEITO, DIZIA: "ESTE É REALMENTE O PROFETA QUE DEVIA VIR AO MUNDO!" POR ISSO, JESUS, SABENDO QUE VIRIAM ARREBATÁ-LO PARA O FAZEREM REI, RETIROU-SE DE NOVO, SOZINHO, PARA O MONTE.

5. _____

–LC 17,12-14–

AO ENTRAR NUMA ALDEIA, DEZ HOMENS LEPROSOS VIERAM AO SEU ENCONTRO; MANTENDO-SE À DISTÂNCIA, GRITARAM, DIZENDO: "JESUS, MESTRE, TEM MISERICÓRDIA DE NÓS!" AO VÊ-LOS, DISSE-LHES: "IDE E MOSTRAI-VOS AOS SACERDOTES." ORA, ENQUANTO IAM A CAMINHO, FICARAM PURIFICADOS.

Lembram-se da mulher pecadora marginalizada que derramou um perfume caro sobre Jesus?"

–MT 26,13–
EM VERDADE VOS DIGO: EM QUALQUER PARTE DO MUNDO ONDE ESTE EVANGELHO FOR ANUNCIADO, HÁ-DE TAMBÉM NARRAR-SE, EM SUA MEMÓRIA, O QUE ELA ACABA DE FAZER."

"Lembram-se da viúva pobre? A sua oferta tocou mais no coração de Jesus do que todas as riquezas do templo."

–LC 21:3–
E DISSE: "EM VERDADE VOS DIGO QUE ESTA VIÚVA POBRE DEITOU MAIS DO QUE TODOS OS OUTROS".

"Lembram-se da única pergunta que Jesus fez a Pedro depois de este O trair?"

–JO 21,17–
E PERGUNTOU-LHE, PELA TERCEIRA VEZ: "SIMÃO, FILHO DE JOÃO, TU ÉS DEVERAS MEU AMIGO?" PEDRO FICOU TRISTE POR JESUS LHE TER PERGUNTADO, À TERCEIRA VEZ: 'TU ÉS DEVERAS MEU AMIGO?' MAS RESPONDEU-LHE: "SENHOR, TU SABES TUDO; TU BEM SABES QUE EU SOU DEVERAS TEU AMIGO!" E JESUS DISSE-LHE: "APASCENTA AS MINHAS OVELHAS.

APRESENTAÇÕES DO PLANO DE JESUS

Formar Líderes

Formar Líderes Radicais é uma continuação do primeiro curso, *Fazer Discípulos Radicais*, e ajuda os que começaram grupos de discípulos a crescer como líderes e a multiplicar mais grupos.

RESULTADOS DA FORMAÇÃO

Após completar este seminário de formação, os discentes conseguem:

- Ensinar a outros líderes dez lições centrais de liderança.
- Formar outros líderes usando um processo reproduzível demonstrado por Jesus.
- Identificar diferentes tipos de personalidades e ajudar as pessoas a trabalhar juntas em equipa.
- Desenvolver um plano estratégico para envolver as pessoas espiritualmente perdidas na sua comunidade e multiplicar novos grupos.
- Compreender como liderar um movimento de implantação de igrejas.

Processo De Formação

Todas as sessões de formação seguem o mesmo formato, baseado na forma como Jesus formou os discípulos como líderes. Segue-se uma planificação genérica de uma lição, com sugestões de períodos de tempo para cada parte.

LOUVOR

- Cantem dois cânticos ou hinos em conjunto (ou mais, conforme o tempo permitir).

  (10 minutos)

PROGRESSO

- Um líder fala do progresso do seu ministério desde a última vez que os líderes se reuniram. O grupo reza pelo líder e pelo seu ministério.

  (10 minutos)

PROBLEMA

- O formador apresenta um problema de liderança comum, explicando-o com uma história ou abordagem pessoal.

  (5 minutos)

PLANO

- O formador ensina aos líderes uma lição de liderança simples que lhes dá discernimento e competências para resolver o problema de liderança.

(20 minutos)

PRÁCTICA

- Os líderes dividem-se em grupos de quatro e praticam o método de formação discutindo a lição que acabaram de aprender, incluindo:

  o O progresso feito nesta área de liderança.
  o Os problemas encontrados nesta área de liderança.
  o Planos para melhorar nos próximos 30 dias com base na lição de liderança.
  o Uma competência que treinarão nos próximos 30 dias com base na lição de liderança.

- Os líderes levantam-se e repetem o versículo de memorização dez vezes em conjunto, seis vezes lendo a Bíblia e quatro vezes de cor.

(30 minutos)

ORAÇÃO

- Grupos de quatro partilham preocupações e rezam uns pelos outros.

(10 minutos)

FINAL

- A maioria das sessões termina com uma actividade didáctica para ajudar os líderes a aplicar a lição ao seu próprio contexto.

  (15 minutos)

Princípios da Formação

Ajudar outras pessoas a desenvolver-se como líderes é um trabalho excitante e exigente. Contrariamente à opinião popular, os líderes são feitos, não nascem líderes. Para emergirem mais líderes, o desenvolvimento da liderança tem de ser intencional e sistemático. Algumas pessoas acreditam erroneamente que os líderes se tornam líderes com base na sua personalidade. Contudo, uma análise rápida de pastores de megaigrejas bem-sucedidos revela pastores com muitas personalidades diferentes. Quando seguimos Jesus, seguimos o maior líder de todos os tempos, e desenvolvemo-nos nós próprios como líderes.

Líderes em crescimento precisam de uma abordagem equilibrada no que diz respeito ao desenvolvimento da liderança. Uma abordagem equilibrada inclui trabalho no conhecimento, carácter, competências e motivação. Uma pessoa precisa dos quatro ingredientes para ser um líder eficaz. Sem conhecimento, suposições erradas e mal-entendidos desencaminham o líder. Sem carácter, um líder cometerá erros morais e espirituais que entravam a missão. Sem as competências necessárias, o líder reinventará continuamente a roda ou usará métodos antigos. Por último, um líder com conhecimento, carácter, e competência, mas sem motivação, só se preocupa com o *statu quo* e a preservação da sua posição.

Os líderes têm de aprender as ferramentas essenciais para alcançar o seu objectivo. Depois de passar um tempo significativo em oração, todos os líderes precisam de uma visão envolvente. A visão responde à questão: "O que é que tem de acontecer a seguir?". Os líderes têm de saber qual é a finalidade do que estão a fazer. A finalidade responde à questão: "O que é importante?". Saber a resposta a esta pergunta conduziu muitos líderes através de tempos difíceis. Depois, os líderes têm de saber qual é a sua missão. Deus junta as pessoas em comunidade para realizarem a Sua vontade. A missão responde à questão: "Quem tem de estar envolvido?". Por último, os bons líderes têm objectivos claros e concisos a seguir. Normalmente, um líder traçará a visão, a finalidade e a missão através de quatro ou cinco objectivos. Os objectivos respondem à questão: "Como é que o faremos?".

Descobrimos como é difícil prever líderes emergentes num grupo. Deus surpreendê-lo-á sempre com a Sua escolha! A abordagem mais produtiva é tratar todas as pessoas como se já fossem líderes. Uma pessoa pode liderar-se apenas a si própria, mas isto continua a ser liderar. As pessoas tornam-se melhores líderes em proporção directa com as nossas expectativas (fé). Quando tratamos as pessoas como seguidoras, elas tornam-se seguidoras. Quando tratamos as pessoas como líderes, elas tornam-se líderes. Jesus escolheu pessoas de todos os níveis da sociedade para mostrar que a boa liderança depende de permanecermos com Ele, e não dos sinais exteriores que as pessoas frequentemente procuram. Porque é que temos escassez de líderes? Porque os líderes actuais recusam-se a dar a pessoas novas a oportunidade de liderar.

Poucos factores param um movimento de Deus mais depressa do que a falta de liderança piedosa. Infelizmente, nós encontrámos um vácuo de liderança na maior parte dos países onde formámos pessoas (incluindo nos Estados Unidos). Os líderes piedosos são a chave do *shalom* – paz, bênção e rectidão – de uma comunidade. Uma citação famosa de Albert Einstein pode ser parafraseada da seguinte forma: "Não conseguimos resolver os nossos problemas actuais com o nosso nível actual de liderança." Deus está a usar a *Formação Para Seguir Jesus* para equipar e motivar muitos líderes novos. Rezamos para que o mesmo lhe aconteça a si. Que o maior líder de todos os tempos encha o seu coração e a sua mente com todas as bênçãos espirituais, o fortaleça e aumente a sua influência – o verdadeiro teste da liderança.

Mais Estudo

Consideramos que os seguintes autores são os mais úteis na formação de líderes radicais. O primeiro livro a traduzir no trabalho missionário é a Bíblia. Depois da Bíblia, recomendamos a tradução destes sete livros como uma base sólida para o desenvolvimento de uma liderança eficiente:

BLANCHARD, Ken e HODGES, Phil. *Lead like Jesus: Lessons from the Greatest Role Model of all Time.* Nashville, TN: Thomas Nelson, 2006.

CLINTON, J. Robert. *The Making of a Leader.* Colorado Springs, CO: NavPress Publishing Group, 1988.

COLEMAN, Robert E. *The Masterplan of Evangelism.* Westwood, NJ: Fleming H. Revell, 1970.

HETTINGA, Jan D. *Follow Me: Experiencing the Loving Leadership of Jesus.* Colorado Springs, CO: Navpress, 1996.

MAXWELL, John C. *Developing the Leader Within You.* Nashville, TN: Thomas Nelson Publishers, 1993.

OGNE, Steven L. e NEBEL, Thomas P. *Empowering Leaders through Coaching.* St. Charles, IL: Churchsmart Resources, 1995.

SANDERS, J. Oswald. *Spiritual Leadership: Principles of Excellence for Every Believer.* Moody Publishers, 2007.

www.ingramcontent.com/pod-product-compliance
Lightning Source LLC
Chambersburg PA
CBHW060702030426
42337CB00017B/2730